D1413719

Introducción a los padres

We Both Read es la primera serie de libros diseñada para invitar a padres e hijos a compartir la lectura de un cuento, por turnos y en voz alta. Esta "lectura compartida" —que se ha desarrollado en conjunto con especialistas en primeras lecturas— invita a los padres a leer los textos más complejos en la página de la izquierda. Luego, les toca a los niños leer las páginas de la derecha, que contienen textos más sencillos, escritos específicamente para primeros lectores.

Leer en voz alta es una de las actividades más importantes que los padres comparten con sus hijos para ayudarlos a desarrollar la lectura. Sin embargo, *We Both Read* no es solo leerle *a* un niño, sino que les permite a los padres leer *con* el niño. *We Both Read* es más poderoso y efectivo porque combina dos elementos claves del aprendizaje: "demostración" (el padre lee) y "aplicación" (el niño lee). El resultado no es solo que el niño aprende a leer más rápido, ¡sino que ambos disfrutan y se enriquecen con esta experiencia!

Sería más útil si usted lee el libro completo y en voz alta la primera vez, y luego invita a su niño a participar en una segunda lectura. En algunos libros, las palabras más difíciles se presentan por primera vez en **negritas** en el texto del padre. Señalar o conversar sobre estas palabras ayudará a su niño a familiarizarse con estas y a ampliar su vocabulario. También notará que el ícono "lee el padre" 👓 precede el texto del padre y el ícono de "lee el niño" 👓 precede el texto del niño.

Lo invitamos a compartir y a relacionarse con su niño mientras leen el libro juntos. Si su hijo tiene dificultad, usted puede mencionar algunas cosas que lo ayuden. "Decir cada sonido" es bueno, pero puede que esto no funcione con todas las palabras. Los niños pueden hallar pistas en las palabras del cuento, en el contexto de las oraciones e incluso de las imágenes. Algunos cuentos incluyen patrones y rimas que los ayudarán. También le podría ser útil a su niño tocar las palabras con su dedo mientras leen para conectar mejor el sonido de la voz con la palabra impresa.

¡Al compartir los libros de *We Both Read*, usted y su hijo vivirán juntos la fascinante aventura de la lectura! Es una manera divertida y fácil de animar y ayudar a su niño a leer —¡y una maravillosa manera de preparar a su niño para disfrutar de la lectura durante toda su vida!

Parent's Introduction

We Both Read is the first series of books designed to invite parents and children to share the reading of a story by taking turns reading aloud. This "shared reading" innovation, which was developed with reading education specialists, invites parents to read the more complex text and storyline on the left-hand pages. Then, children can be encouraged to read the right-hand pages, which feature less complex text and storyline, specifically written for the beginning reader.

Reading aloud is one of the most important activities parents can share with their child to assist in his or her reading development. However, *We Both Read* goes beyond reading *to* a child and allows parents to share the reading *with* a child. *We Both Read* is so powerful and effective because it combines two key elements in learning: "modeling" (the parent reads) and "doing" (the child reads). The result is not only faster reading development for the child, but a much more enjoyable and enriching experience for both!

You may find it helpful to read the entire book aloud yourself the first time, then invite your child to participate in the second reading. In some books, a few more difficult words will first be introduced in the parent's text, distinguished with **bold lettering**. Pointing out, and even discussing, these words will help familiarize your child with them and help to build your child's vocabulary. Also, note that a "talking parent" icon ⟲ precedes the parent's text and a "talking child" icon ⟲ precedes the child's text.

We encourage you to share and interact with your child as you read the book together. If your child is having difficulty, you might want to mention a few things to help him or her. "Sounding out" is good, but it will not work with all words. Children can pick up clues about the words they are reading from the story, the context of the sentence, or even the pictures. Some stories have rhyming patterns that might help. It might also help them to touch the words with their finger as they read, to better connect the voice sound and the printed word.

Sharing the *We Both Read* books together will engage you and your child in an interactive adventure in reading! It is a fun and easy way to encourage and help your child to read—and a wonderful way to start your child off on a lifetime of reading enjoyment!

We Both Read: About Dogs
Acerca de los perros

To my parents, who shared a love for reading
— B. J.

Para mis padres, quienes compartieron su amor por la lectura
—B. J.

Published by Treasure Bay, Inc.
P.O. Box 119
Novato, CA 94948

Printed in Singapore

Library of Congress Control Number: 2010932683

ISBN: 978-1-60115-048-6

We Both Read® Books
Patent No. 5,957,693

Visit us online at:
www.TreasureBayBooks.com

PR 11-13

About Dogs
Acerca de los perros

By Bruce Johnson and Sindy McKay

Translated by Diego Mansilla

TREASURE BAY

Do you have a dog? Do you know someone who has a dog? There are millions of dogs in the world, so you probably know at least . . .

¿Tienes un perro? ¿Conoces a alguien que tenga un perro? Hay millones de perros en el mundo, así que probablemente conozcas al menos . . .

 . . . one dog.

. . . *un perro.*

 Why are dogs so popular?
It might be because they are smart, helpful, and
playful. They make wonderful . . .

¿Por qué los perros son tan populares?
Tal vez porque son listos, útiles y juguetones.
Son maravillosos . . .

. . . friends.

. . . amigos.

The size and shape of dogs usually depend on their breed. Each breed is a different kind of dog. The dogs in a breed all share similar characteristics, including the way they look. **Some** breeds, like Yorkshire terriers, are short. **Some**, like dachshunds, are long. **Some** breeds are small.

*El tamaño y la apariencia de un perro depende usualmente de su raza. Cada raza es un tipo diferente de perro. Todos los perros de una raza comparten características similares, incluso cómo lucen. Los perros de **algunas** razas, como los Yorkshire terriers, son bajitos. **Algunos**, como los dachshunds, son largos. **Algunos** son pequeños.*

Some are big.

Algunos son grandes.

Certain breeds have long **hair**, like the chow chow or komondor. Other breeds have short **hair**, like the beagle or boxer. One breed has almost . . .

*Ciertas razas tienen el **pelo** largo, como el chow chow o el komondor. Otras razas tienen el **pelo** corto, como el beagle o el boxer. Hay una raza que casi . . .*

 . . . no **hair!**

. . . ¡no tiene **pelo!**

A purebred dog may be entered in a dog **show**. Here, he competes against other dogs to demonstrate that he is the best example of his breed. The highest honor a dog can win at a dog **show** is called . . .

*Un perro de pura raza puede ser inscrito en una **exposición** canina. En esta compite contra otros perros para demostrar que él es el mejor ejemplar de su raza. El honor más alto que un perro puede ganar en una **exposición** canina se conoce como . . .*

. . ."Best in **Show**."

. . . *"El mejor de la* *exposición".*

🐾 Both purebreds and mixed-breed dogs can make great family pets. Good family dogs are friendly and active. **They like** kids.

Tantos los perros de pura raza como los que no lo son, pueden ser estupendas mascotas de familia. Los buenos perros de familia son amistosos y activos. ***A ellos les gustan*** *los niños.*

They like to play.

A ellos les gusta jugar.

Why are there so many different kinds of dogs?
Long ago, most dogs looked like wolves. Some of
these wolf-dogs were **smarter** and had better skills at
hunting, herding, or guarding. People bred the dogs
to bring out these skills.

¿Por qué hay tantos tipos diferentes de perros?
Hace tiempo, la mayoría de los perros lucía como los
*lobos. Algunos de estos perros-lobos eran más **listos***
y tenían mejores destrezas para cazar, pastorear y
vigilar. La gente crió estos perros para desarrollar
estas habilidades.

Dogs are **smart**!

*¡Los perros son **listos**!*

Many years ago, people hunted for much of their food. There weren't any grocery stores back then. A dog that could help capture prey was a big help. Many breeds of hunting dogs are still used by sport hunters today.

Hace muchos años, la gente cazaba para obtener gran parte de sus alimentos. Entonces no había mercados. Un perro que podía ayudar a capturar una presa era de gran ayuda. Incluso hoy, los cazadores deportivos usan perros de caza.

 Run, run, run!

¡Corre, corre, corre!

Sled dogs were bred by the peoples of the polar regions. These dogs could pull heavy loads and haul food to villages. Today, they are sometimes used in sled-dog races.

La gente de las regiones polares criaron perros para jalar los trineos. Estos perros podían jalar cargas pesadas y transportar alimentos a las aldeas. Aun hoy, estos se usan a veces en carreras de trineos.

 Very good!

¡Muy bien!

Different types of herding dogs have been trained to herd cattle, **sheep**, goats, and even reindeer. They keep the flock together and guard them from predators and thieves.

*Diferentes tipos de perros de pastoreo han sido entrenados para pastorear vacas, **ovejas**, carneros e incluso renos. Ellos mantienen unido al rebaño y lo protegen de depredadores y ladrones.*

Stop, **sheep!**

*¡Paren, **ovejas**!*

Search-and-rescue dogs are hard-working heroes. They **find** people who are trapped or lost by sniffing with their sensitive noses.

*Los perros de búsqueda y rescate son héroes incansables. Olfatean con sus sensibles hocicos para **buscar** a las personas perdidas o atrapadas.*

Find it, **find** it.

Busca, busca.

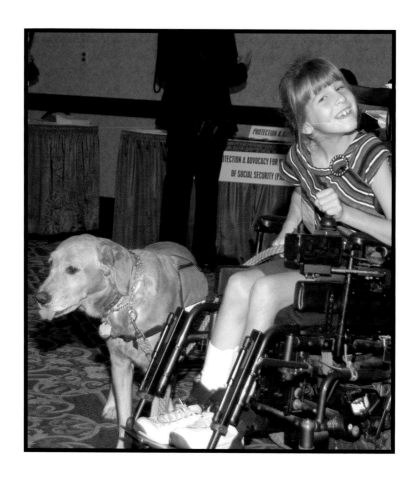

 Assistance dogs **help** people with disabilities. Hearing dogs **help** the deaf by alerting them to sounds. Service dogs might **help** people in wheelchairs to retrieve objects that are out of reach. Guide dogs act as eyes for the blind.

*Los perros de asistencia **ayudan** a gente con discapacidades. Algunos **ayudan** a los sordos alertándolos de los sonidos. Los perros de asistencia pueden **ayudar** a que la gente en sillas de ruedas recupere objetos que están fuera de su alcance. Los perros-guía actúan como los ojos de los invidentes.*

Dogs can **help**.

Los perros pueden ayudar.

Being smart and helpful are not the only reasons we love dogs. We also love them because they make such good companions. A dog can be your best friend.

Que sean listos y útiles no son las únicas razones para amar a los perros. Los queremos además porque son buenos compañeros. Un perro puede ser tu mejor amigo.

My dog is my friend!

¡Mi perro es mi amigo!

If you have a dog, you know it takes work to care for her. She must always have plenty of fresh water, have good food to **eat**, and should see a veterinarian at least once a year.

Si tienes un perro, sabes que cuesta trabajo cuidarlo. Debe tener mucha agua fresca, buenos alimentos para **comer** *y debe ver a un veterinario por lo menos una vez al año.*

Dogs **eat** a lot.

¡Los perros **comen** mucho!

Most dogs also need lots of exercise. People often take their dogs for walks, but some dogs need to . . .

La mayoría de los perros también necesita hacer mucho ejercicio. La gente suele sacar a sus perros a caminar, pero algunos necesitan . . .

. . . run and jump!

. . . ¡correr y saltar!

Agility courses are another wonderful way for your dog to get exercise. He can jump over, leap through, and run around various obstacles. But the best way just might be to go in your backyard and have fun!

Los cursos de agilidad son otra manera de hacer que tu perro haga ejercicio. Puede saltar, atravesar y esquivar varios obstáculos. ¡Pero la mejor actividad puede ser simplemente divertirte con tu perro en el patio!

Play ball!

¡Lanza la pelota!

 Some owners take their dogs to "dog school."
Professional trainers can teach dogs to sit, stay, fetch,
and come when you call them.

*Algunos dueños llevan a sus perros a una escuela para
perros. Un entrenador profesional puede enseñarle a
tu perro a sentarse, quedarse quieto, buscar cosas y
venir cuando lo llames.*

Up!

¡Arriba!

Dogs can also learn to do funny tricks, like barking on cue or balancing a ball on their nose. You might even be able to teach your dog to count. This dog can count . . .

Los perros pueden además aprender trucos graciosos, como ladrar a tu señal o mantener una pelota en equilibrio sobre su hocico. Hasta podrías enseñarle a tu perro a contar. Este perro puede contar . . .

. . . to ten.

. . . hasta diez.

There are many reasons why dogs make great pets. If you treat them well, they will be with you for a long, long time—a friend to . . .

Los perros son buenas mascotas por muchas razones. Si lo tratas bien, tu perro estará contigo por mucho, mucho tiempo —un amigo hasta . . .

. . . the end.

. . . el fin.

Fun Facts about Dogs

- The Basenji is the only barkless dog in the world.
- Greyhounds can reach speeds of up to 45 miles per hour.
- The most popular breed of dog in the United States is the Labrador retriever.
- The oldest known dog lived to be 29 years and 5 months old.
- The highest jump by a dog was 68 inches. This is almost 6 feet.

Curiosidades acerca de los perros

- De todos los perros del mundo, el Basenji es el único que no ladra.
- Los galgos pueden correr a 45 millas por hora.
- La raza más popular en los Estados Unidos es el labrador cobrador.
- El perro más viejo del mundo llegó a cumplir 29 años y 5 meses.
- El salto más alto dado por un perro fue de 68 pulgadas. O sea, casi 6 pies.

Parents,
Here are three questions about dogs to ask your child. Let the answers spark discussion.
1. Think about some dogs you know. Would you say they are big or small? Have long hair or short hair? How else could you describe them?
2. Name three ways dogs can help people.
3. What are some things that must be done to take good care of a dog?

Padres:
Aquí tienen tres preguntas que pueden hacerles a sus hijos para animarlos a conversar sobre los perros.
1. Piensa en los perros que conoces. ¿Son grandes o pequeños? ¿Tienen pelo largo o corto? ¿Qué otras características tienen?
2. Nombra tres cosas que los perros hacen para ayudar a las personas.
3. ¿Qué se debe hacer para cuidar bien a un perro?

If you liked **About Dogs,** here is another
We Both Read® book you are sure to enjoy!

*Si te gustó leer **Acerca de los perros,** ¡seguramente disfrutarás*
de leer este otro libro de la serie We Both Read®!

Frank, the frog, is carried off into the sky hanging from a balloon. At first this seems like an exciting adventure, but soon Frank just wants to go home.

Sapi, el sapo, se va flotando en el aire en un globo. Al principio, le parece una aventura emocionante, pero poco después, Sapi solo desea regresar a casa.

To see all the *We Both Read®* books that are available,
just go online to **www.TreasureBayBooks.com**

*Para ver todos los libros disponibles de la serie We Both Read®,
visita nuestra página web: **www.TreasureBayBooks.com***